NOTES

SUR LA

QUESTION SOCIALE

VRAIS REMÈDES

ET

FAUSSES INTERPRÉTATIONS

POUR L'AVENIR

BAYEUX

IMPRIMERIE TYPOGRAPHIQUE OCTAVE PAYAN

— Rue Royale —

—

1896

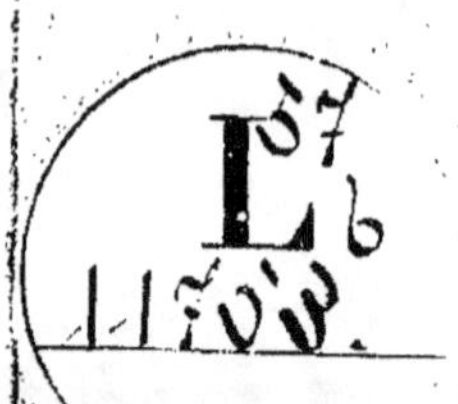

NOTES

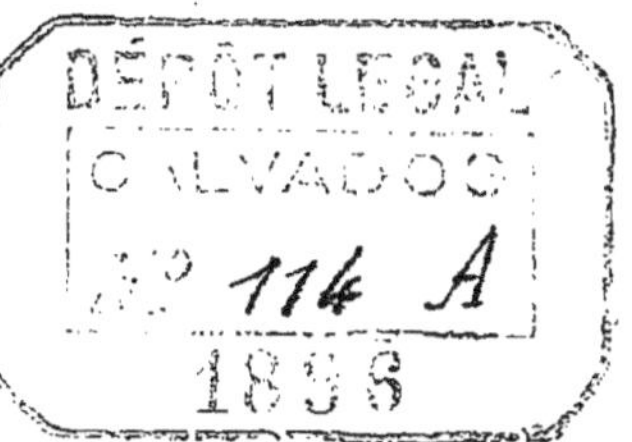

SUR LA

QUESTION SOCIALE

VRAIS REMÈDES

ET

FAUSSES INTERPRÉTATIONS

Pour l'Avenir

BAYEUX

IMPRIMERIE TYPOGRAPHIQUE OCTAVE PAYAN

— Rue Royale —

1896

alors complète et désastreuse, car elle s'oppose à la recherche et à l'application d'une solution si nécessaire.

Cette situation étonne tous ceux qui désirent contribuer à cette grande œuvre et qui ne demandent qu'à être orientés pour se mettre à la tâche; elle rend hésitants ceux qui sont les plus actifs et les plus entreprenants ; elle en décourage beaucoup d'autres.

Et pourtant, à creuser les choses, il apparaît que la question a surtout besoin d'être définie; qu'elle est la conséquence d'une erreur philosophique ; que tout ce qui est entaché de cette erreur, quelque peu que ce soit, a des conséquences fâcheuses; et qu'une fausse interprétation du véritable principe social vient en obscurcir la valeur dans beaucoup d'esprits.

Si l'on considère la question sociale dans son ensemble, elle a pour objet les maux de toute sorte dont souffre la Société contemporaine ainsi que les remèdes qui peuvent les atténuer ou les faire disparaître; plus ordinairement, on ne l'envisage que dans ses parties, et alors elle devient l'étude des maux dont souffre la Société dans l'ordre du travail, et la recherche des moyens de les adoucir et de les guérir, ou bien encore l'étude des rapports entre les différentes classes de la Société.

Quelle que soit la façon dont on la définit, elle est rendue manifeste par les maux qu'il s'agit de soulager. Leur énumération a souvent été faite par des hommes de partis différents et d'opinions contradictoires ; elle ne varie guère. On y retrouve toujours la souffrance des prolétaires, l'inquiétude des riches; la haine et la révolte chez les petits, l'indifférence chez les grands, l'égoïsme chez tous; un besoin insatiable du bien-être, une agitation fiévreuse pour l'acquérir et le conserver ; l'incertitude et l'anxiété partout, la stabilité et la sécurité nulle part. Cette liste peut être augmentée, la chose est aisée ; on ne ferait que démontrer plus clairement cette triste réalité, que la lutte pour la vie a pris de nos jours une âpreté terrible, et mettre en relief les caractères spéciaux de la question sociale, qui, à notre époque, attirent l'attention : l'antagonisme des classes, la prétention toujours croissante du peuple à participer à tout, l'usure sous sa forme moderne.

Ces caractères varient suivant les milieux, les provinces ; ils se superposent, ou ils sont isolés, mais ils se retrouvent partout ; ils sont intimement liés et ils jouent réciproquement l'un vis-à-vis de l'autre le rôle de cause et d'effet ; on peut ramener à eux presque toutes les manifestations du mal. Ils sont niés par quelques-uns qui en profitent, surtout en ce qui concerne l'usure moderne, qui pourtant est « dévorante » ; ils sont encore plus exploités par ceux qui cherchent dans les passions humaines le levier qui leur donnera la force de remuer le monde au gré de leurs desseins.

Ils prouvent combien la situation est complexe, et combien il sera difficile de la modifier ; voilà pourquoi tant d'efforts, faits de nos jours dans ce but, paraissent vains ; et pourquoi, à un sentiment général qu'il y a quelque chose à tenter, répond l'incapacité de préciser ce qu'il est opportun de faire. Et pourtant le fruit des travaux de ceux que tant de complications ne rebutent pas se dégage petit à petit. A mesure que l'on sonde le mal, on connaît mieux sa profondeur, et l'inefficacité des remèdes partiels apparaît plus certaine ; à discuter les moyens d'obtenir une solution générale, on gagne de pouvoir mieux apprécier la valeur de ces moyens, et surtout de préciser le caractère des modifications qui suivront leur mise en pratique.

Ainsi les doctrines s'affirment d'une façon plus claire, leurs tendances se font mieux connaître, et les partis, ayant une conception plus nette de leur idéal, peuvent le poursuivre plus sûrement. En un mot, l'opinion publique est plus éclairée, les convictions se font plus facilement, et, ce qui en est la conséquence, le nombre des écoles diminue. On peut même prévoir dès maintenant que, si les événements suivent leurs cours, un jour viendra où les partis extrêmes, profitant de l'effacement fatal des autres, resteront seuls en présence. Il faudra choisir alors entre la révolte et la soumission, entre l'Église et la secte, entre l'homme et Dieu, et le moment sera solennel, car de l'issue de la lutte sortira le retour à l'ordre ou la décadence complète.

Voilà après la définition de la question, après les caractères spéciaux qu'elle présente à notre époque, l'extrémité à laquelle marche la Société, si une solution ne l'arrête sur cette pente funeste.

Sans doute l'affaiblissement du sentiment religieux, l'affaissement des caractères qui en est la conséquence avec l'égoïsme et le terre à terre des mobiles qui excitent et qui guident l'activité humaine, sont les causes dominantes de ce déplorable état de choses, et le retour aux convictions et aux pratiques religieuses sera le moyen le plus efficace pour le modifier ; sans doute aussi le changement presque général dans le mode du travail, le rôle prépondérant qu'a pris le crédit dans les relations commerciales; et tant d'autres conditions nouvelles qui s'imposent à la vie sociale, après les importantes découvertes de la science depuis un siècle et l'usage qui en a été fait, sont des agents de transformations profondes dans la société, dans le rapport des classes entre elles, et ils permettent bien des abus qui étaient ignorés ou facilement reprimés aux époques précédentes ; en sorte que le progrès matériel trop rapide apporte de nouvelles complications aux conséquences du désordre moral.

Mais surtout, la philosophie nous l'apprend par une voix autorisée, la société ne répond plus au but pour lequel elle a été instituée. Quel est-il en effet ? Le Pape nous le dit : « L'homme est né pour vivre en société, car, ne pouvant dans l'isolement ni se procurer ce qui est nécessaire et utile à la vie, ni acquérir la perfection de l'esprit et du cœur, la Providence l'a fait pour s'unir à ses semblables en une société tant domestique que civile, seule capable de fournir ce qu'il faut à la perfection de l'existence (1). »

Les misères que nous constatons chaque jour, la dépression morale qui se manifeste par le nombre croissant des criminels et leur précocité de plus en plus grande, démontrent assez que la société de notre temps est peu faite pour procurer « ce qui est nécessaire et utile à la vie » et en même temps pour permettre d' « acquérir la perfection de l'esprit et du cœur. »

Et si l'état des choses est anormal, si la société ne répond plus au but pour lequel elle a été instituée, quelle en est la cause ? Le Pape nous le dit encore : « Mais ce pernicieux et déplorable goût de nouveautés que vit naître le xvie siècle, après avoir d'abord bouleversé la religion chrétienne, bientôt par une pente naturelle passa à la philosophie, et de là à tous les degrés de la société civile. C'est à cette source qu'il faut faire remonter ces principes modernes de liberté effrénée, rêvés et promulgués parmi

(1) Encyclique *Immortale Dei*.

les grandes pertubations du siècle dernier, comme les principes et les fondements d'un droit nouveau, inconnu jusqu'alors, et sur plus d'un point en désaccord, non seulement avec le droit chrétien, mais avec le droit naturel (1). »

La réponse est complète. Après s'être insurgé contre les principes de la religion, l'homme s'est élevé contre ceux de la philosophie, le désordre a gagné tous les degrés de la société civile, et finalement la rébellion existe contre le droit chrétien et le droit naturel.

Comment s'étonner dès lors que la société contemporaine subisse le châtiment de ces fautes successives ? La justice et la logique veulent au contraire que cette marche persistante dans l'erreur amène un malaise qui grandit à mesure que l'éloignement de la vérité augmente, et qui se transforme en une souffrance croissante à son tour.

Et quand cela a-t-il lieu ? Le travail s'est lentement fait au travers des siècles, puis, à la faveur de la Révolution, la doctrine de la philosophie du xviiie siècle a été mise en pratique, et le droit nouveau, en conformité avec elle, a été formulé dans la déclaration des droits de l'homme.

Enfin le principe de liberté effrénée est la caractéristique de ce droit nouveau. L'homme relève de lui seul ; en toute liberté, il pense et fait ce qui lui plait ; il n'a de commandement à recevoir de personne ; au lieu d'être une condition naturelle des hommes, la société devient une invention de leur libre arbitre ; au lieu de prendre en Dieu son principe et sa source, l'autorité la trouve en l'homme seul, et elle n'est plus que la volonté du peuple ; l'homme choisit les détenteurs de cette autorité publique, mais il leur délègue moins le droit que la fonction du pouvoir pour l'exercer en son nom, et il les révoque à sa

(1) Encyclique *Immortale Dei*.

guise comme il les nomme. Le dogme de la souveraineté populaire est la conséquence de cette théorie. Souveraineté qui ne trouve plus ses bornes dans les lois que Dieu, législateur suprême , impose à toute société et qui, depuis cent ans, a produit dans notre pays ses fruits naturels : tantôt l'anarchie populaire, tantôt le despotisme d'un homme, ou d'une assemblée.

En résumé, afin de donner à l'homme cette liberté illimitée on a relaché, pour les détruire progressivement, tous ces liens qui rattachent l'homme à Dieu, à ses parents, à ses semblables, à toute la création ; liens religieux, liens de famille, liens sociaux, liens professionnels dont le réseau forme un ensemble qui répond à la conception chrétienne de la société. L'individualisme a été institué, et il est la cause du mal.

La philosophie mène le monde, a-t-on dit justement, et les fausses philosophies le mènent nécessairement de travers. Dès lors, tout ce qui se rattache à ce principe de liberté condamné par le Pape , est néfaste et pour cette raison le Libéralisme, quelque mitigé qu'il soit , ne peut porter de fruits bienfaisants. Au reste, les résultats qu'il a produits plaident hautement contre lui , et le Comte d'Haussonville le constate en ces termes : « Pas plus que la liberté politique , la liberté économique n'a tenu les promesses qui avaient été faites en son nom. Elle devait résoudre tous les problèmes, c'était les économistes qui avaient dit cela (1). »

Nous conclurons au contraire avec le R. P. Antoine :

(1) « Socialisme d'Etat et Socialisme chrétien » *Revue des Deux Mondes,* 15 Juin 1890, p. 8-41.

2

« Que les doctrines libérales de l'école classique soient en contradiction avec les enseignements de l'Eglise et en particulier avec la dernière encyclique *De conditione opificum*, c'est une vérité trop manifeste et trop familière à des catholiques, pour que nous nous attardions à la démontrer. » Et nous rejetterons, pour nous conformer à la raison, tout ce qui de près ou de loin touche au Libéralisme. Le remède que nous cherchons n'est pas là.

———

Il se trouve dans le rétablissement de ces liens détruits; la chose est évidente, puisque le mal est la conséquence de leur destruction, et c'est à ce travail que les catholiques doivent appliquer leurs efforts. Le Pape les y convie avec sa sollicitude vigilante ; successivement il a condamné, à mesure qu'elles se sont élevées, les prétentions des peuples qui étaient contraires à la loi véritable, il a rappelé qu'il y a des préceptes auxquels les sociétés ne peuvent cesser de se soumettre sans tomber en décadence, et il a formulé ces préceptes ; dès qu'une erreur surgit, il la réfute ; dès qu'un écueil est menaçant, il le signale ; dès qu'un remède est nécessaire, il l'indique. Après avoir condamné les propositions des fausses philosophies, réclamé le respect des droits de la religion, rappelé aux peuples et aux gouvernements leurs devoirs respectifs, il a aussi traité les rapports du travail et du capital, parce que c'est le côté de la question sociale qui, de nos jours, réclame le plus impérieusement une solution prompte, et que, dans l'état actuel de la société, résoudre ce problème, c'est réglementer les rapports qui doivent exister entre les différentes classes des citoyens.

Partout il recommande de renouer les liens qui ont été rompus, et pour y arriver, il indique l'Association avec une insistance qui fixe l'attention des plus prévenus, et impose aux catholiques de s'empresser à étudier les mérites de ce remède.

Il est d'abord conforme à la loi naturelle. « La société privée est celle qui se forme dans un but privé, comme lorsque deux ou trois s'associent ensemble pour faire le négoce. Or, de ce que les sociétés privées n'ont d'existence qu'au sein de la société civile, il ne résulte pas, à ne parler qu'en général, et à ne considérer que leur nature, qu'il soit au pouvoir de l'Etat de leur dénier l'existence. Le droit à l'existence leur a été octroyé par la nature elle-même, et la société civile a été créée pour protéger le droit naturel, non pour l'anéantir. C'est pourquoi une société civile qui interdirait les sociétés privées, s'attaquerait elle-même, puisque toutes ces sociétés publiques et privées tirent leur origine d'un même principe, la naturelle sociabilité de l'homme (1). »

Telle est la doctrine de l'Eglise, contre laquelle on s'est insurgé sous la Convention. On a nié alors l'existence d'un intérêt commun pour les citoyens de la même catégorie, de la même profession ; et si l'intérêt commun n'existe pas, les efforts communs pour en assurer la satisfaction sont inutiles, l'union pour grouper ces efforts n'a pas de raison d'être, et les associations ont été interdites. Elles sont pourtant de droit naturel ; il n'est pas « au pouvoir de l'Etat de leur dénier l'existence, à ne considérer que leur nature » ; ce pouvoir n'est donné au gouvernement, et il devient alors un devoir, que lorsque les sociétés privées poursuivent un but illégitime, c'est-à-dire quand ce but est contraire, soit à la loi morale, soit à l'intérêt général. Enfin, une société

(1) Encyclique *Rerum Novarum*.

civile qui interdit les sociétés privées , s'attaque elle-même ; la nôtre qui a commis ce crime le prouve assez , et par ce qu'elle souffre, et par ce qui la menace.

L'association a de plus *sur le patronage* et *sur la loi* ces deux autres facteurs d'amélioration , que préconisent les gens d'ordre, cette supériorité qu'elle se plie à tous les besoins , qu'elle convient à tous les milieux , que son action plus générale promet d'être plus efficace, et qu'elle répond plus particulièrement aux caractères de la question que nous avons signalés.

L'histoire en fait foi, les temps ont existé où les patrons dociles aux enseignements de l'Eglise, se conduisaient avec leurs ouvriers , comme un père de famille avec ses enfants ; la paix existait alors dans les ateliers, parce qu'il s'y trouvait l'estime et l'affection réciproques, le souci pour les uns de soulager toutes les peines , la confiance pour les autres de toujours recevoir l'assistance. Ces traditions se sont perdues. Adam Smith a propagé cette idée que le travail est une marchandise ; elle a séduit l'égoïsme des hommes du temps, et les patrons se sont crus en règle avec leurs devoirs envers les ouvriers quand ils leur avaient régulièrement payé leur salaire. Le Play est venu à son tour , il a modifié les idées en montrant les avantages du patronage ; il lui a reconquis la faveur, et, finalement, un mouvement déterminé par une inspiration religieuse, s'est produit dont les bienfaits sont incontestables. Presque tous les grands établissements industriels, les chemins de fer notamment, ont cru de leur devoir de créer des œuvres en faveur de leur personnel ; ils distribuent ainsi des subventions qui augmentent les salaires dans une grande proportion et améliorent, par conséquent, la situation des familles. Ces résultats prouvent que le *patronage* reste encore un élément effi-

cace de paix sociale; mais il faut reconnaître que les conditions actuelles le rendent, dans bien des cas, plus diffi-
le qu'autrefois; il est même souvent inapplicable. Le
patron ne peut entretenir des relations personnelles avec
ses ouvriers parce qu'ils sont trop nombreux ; forcément
le patronage prend un caractère administratif et il ne produit guère le rapprochement des classes ; le patron par-
tage la direction de son entreprise avec des contremaî-
tres dont l'autorité est nécessairement grande, et qui sont
en mesure de contrecarrer ses meilleures intentions ; il
trouve souvent des obstacles dans la méfiance de ses ouvriers eux-mêmes. De plus, les conditions politiques actuelles compliquent singulièrement la pratique du système, surtout quand il s'agit d'établissements de l'Etat;
la difficulté touche alors à l'impossibilité. Enfin, si le
patronage est un moyen efficace dans le cas où un certain
nombre d'individus, ayant des besoins identiques , se
trouvent agglomérés ou sont soumis à la même direction,
il n'en est plus de même quand les conditions du travail
sont différentes. Le rôle du patronage est , en somme,
important surtout dans l'industrie, il est bien moindre
ailleurs.

La loi, elle aussi, est plus impuissante à résoudre la
question que beaucoup ne semblent le croire, et cela parce que dans la matière sa mission est plutôt de réprimer
et de prévenir que de prescrire telle ou telle mesure.
Sans doute l'Etat doit protection et assistance, c'est là son
double devoir, résultant de la raison d'être de la société,
raison d'être qui prend sa source dans la nature humaine
elle-même. Pour ce qui est de l'obligation de protéger,
elle est sans limites , parce que la société étant faite pour
tous, les droits de tous sont également sacrés et ils méritent au même titre de recevoir protection. Mais pour ce

qui est de l'assistance, elle doit s'arrêter « aux choses nécessaires au bien public et que les unités sociales, individus ou groupements, ne peuvent se procurer par leur activité propre, ou du moins que difficilement (1). » Le rôle de l'Etat est alors de compléter sans la restreindre l'initiative privée quand elle est insuffisante, et de la remplacer quand elle est absente avec le souci constant de s'effacer dès qu'elle se produira. Ce rôle, on ne saurait trop le remarquer, est uniquement supplétif et conditionnel ; il faut pour donner à l'Etat le droit de le jouer, qu'il s'agisse de biens nécessaires ou très utiles à la communauté ; il faut de plus que l'obtention de ces biens dépasse la puissance de l'initiative privée des groupes ou des individus, ou bien encore qu'elle nécessite une direction supérieure unique. « Venir en aide aux intérêts, ce n'est pas se charger immédiatement et directement des intérêts des individus, ce n'est pas se constituer le nourricier, le banquier, le médecin des citoyens (2). » Soutenir une pareille opinion serait se rallier au socialisme. Dès lors, la loi est impuissante à procurer autre chose que l'ensemble des conditions nécessaires pour que les citoyens aient la possibilité d'attendre leur vrai bonheur temporel ; à eux-mêmes de profiter de ces conditions pour assurer directement ce vrai bonheur.

La loi est encore plus incapable de produire le rapprochement des classes.

L'Association, au contraire, est un moyen au véritable sens du mot ; elle n'a pas une forme rigide dont il faut s'accomoder et se servir de son mieux ; elle prend la forme la meilleure suivant le but à atteindre, et les circonstances du moment.

(1) R. P. ANTOINE.
(2) R. P. ANTOINE.

Elle sera *religieuse, économique* ou *professionnelle*, suivant qu'il s'agira de tendre à la perfection morale, d'assurer la sécurité et la facilité de l'existence en se garantissant contre les risques et les exigences de toutes sortes, ou d'obtenir la prospérité d'une profession commune.

Les associations religieuses répondent à ce qu'il y a de plus intime et de plus sacré dans la nature humaine. On a en vain voulu reconnaître à l'homme l'intelligence et la liberté et l'affranchir en même temps de l'obligation de connaître la loi morale et de suivre ses préceptes; cette prétention fait partie de ce programme qui a été suivi pour arriver à relever l'homme de toute domination supérieure et le doter de cette liberté effrénée condamnée par l'Eglise. La fin dernière existe : la nier, c'est s'insurger contre la raison ; mais l'admettre, c'est reconnaître à ceux qui se consacrent uniquement à l'atteindre, le droit d'agir ainsi.

Les associations religieuses naissent de ce droit; et, si l'Etat doit protéger tous ceux qui, dans le sein de la société civile, poursuivent un but légitime, comment ne le devrait-il pas pour ceux qui ont pour objectif le but le plus important que nous propose notre nature ? De deux choses l'une, l'Etat est chrétien ou il ne l'est pas; s'il ne l'est pas, il faut le christianiser ; s'il l'est, il doit comprendre que la société religieuse, c'est-à-dire l'Eglise, est une société indépendante qui lui est supérieure, que les associations religieuses font partie de cette société supérieure, et que par conséquent, en s'attaquant à elles, il s'attaque à une société qu'il devrait servir, loin de vouloir la régenter ou même la traiter sur le pied d'égalité. Telle est la doctrine qui doit inspirer la conduite de l'Etat dans ses rapports avec les associations religieuses ; les gouvernements ne doivent pas oublier que le droit commun est un pis aller que ces associations peuvent accepter à cause de la difficulté des temps, mais qu'en réalité la faveur leur est due, et que s'ils sont amenés à prendre des garanties contre les prétentions exagérées de certaines d'entre elles, ce ne doit pas être par méfiance mais parce qu'il pourrait se trouver que, par erreur ou par indignité, certains religieux cherchent à abuser des privilèges qui leur sont accordés.

Au reste, ce que le devoir prescrit à l'Etat, l'intérêt le lui conseille en raison des moyens que prennent les associations religieuses pour arriver à leur but; la charité, l'abnégation, le dévouement, le sacrifice, tels sont les mobiles de leurs actes, et la mesure n'est jamais comble, l'impuissance est la seule limite qui contienne leurs efforts. L'Etat protège et assiste par mission, les religieux protègent et assistent par choix, comment ne s'entraideraient-ils pas ? C'est folie de repousser un pareil concours; on devrait s'efforcer de le faire naître, s'il ne se présentait de lui-même, et ceux qui l'apportent spontanément ne méritent-ils pas autre chose que ce simple droit commun que cependant notre législation cherche à leur retirer ? Et qu'on ne vienne pas parler des dangers que court la société civile quand les associations religieuses, étant prospères, deviennent puissantes, ni des prétendues preuves de ces périls que l'on va chercher dans les histoires locales ou dans celle des temps troublés ; il est toujours facile de trouver dans l'histoire de l'humanité le témoignage que les meilleures choses peuvent être faussées dans leur application, mais la loyauté et la raison exigent de ne pas séparer les faits des circonstances qui les expliquent et qui souvent les excusent. Au fond de toutes ces réclamations tapageuses, il y a moins de solli-

citude pour la sauvegarde des droits de la société civile,
que de haine pour l'Eglise, et voilà la réelle cause de leur
ténacité et de leur violence.

Il peut y avoir des *Sociétés Economiques* de toutes
sortes puisqu'elles visent les risques et les exigences de
tous les genres ; elles sont basées sur la mutualité et la
solidarité, et elles se multiplient à mesure que ces qualités
se développent. Des caisses d'accidents, de chômage, de
retraite pour la vieillesse, de maladie, de frais funéraires,
des caisses destinées à secourir l'ouvrier dans tous ses
mécomptes, pertes d'outils, obligation d'aller chercher du
travail au loin, etc..., des sociétés coopératives de con-
sommation et de production, des sociétés de secours mu-
tuels, des caisses rurales de crédit, et d'autres encore
existent déjà ; leur organisation se perfectionne, elle est
même déjà assez complète, surtout en Angleterre, pour
pouvoir servir de modèle, et les résultats obtenus démontrent la valeur de ces institutions.

Comme on le voit, puisqu'il y a mutualité, il faut que
les associés aient un lien commun, et c'est pour cela que
les associations professionnelles, dont nous parlerons plus
loin, sont la base naturelle des sociétés économiques.

De plus, il y a souvent solidarité, il est dès lors indispensable que les adhérents se connaissent afin de pouvoir
répondre les uns des autres ; il faut qu'ils aient des rapports faciles afin que, mis au courant de leurs actes réciproques par la force des choses, ils soient à même de dé-
couvrir ceux qui dans un intérêt particulier, ne se confor-
meraient pas aux engagements qu'ils ont pris, et qui porte-
raient ainsi préjudice à l'intérêt général. Le plus souvent
ces associations devront donc réunir seulement les individus qui, habitant une portion peu étendue du territoire,
ont entre eux des relations fréquentes.

Ainsi qu'on le voit encore, l'idée-mère de toutes ces sociétés c'est d'amener les intéressés à se suffire à eux-mêmes en s'unissant; la conséquence fatale est de tendre à supprimer l'intermédiaire sous quantité de formes. Naturellement, ceux qui pâtissent de cette nouvelle organisation, réclament; ils font valoir leur intérêt particulier et ils le défendent avec acharnement, ce que l'on ne peut, du reste, leur reprocher. Si quelques-unes de ces réclamations sont légitimes, beaucoup, au contraire, ne méritent pas qu'on s'y arrête. Il n'est pas surprenant d'abord que toute transformation entraîne la disparition d'organes qui n'ont plus de raison d'être, ou qu'elle impose de profonds changements à ceux qui peuvent subsister. Ce sera plus particulièrement le cas quand il s'agira d'une évolution aussi complète que celle dont nous parlons; à cela, on ne peut rien. De plus, à la faveur des institutions défectueuses, dont nous nous plaignons, certains intermédiaires profitent d'abus lucratifs et protestent contre tout ce qui pourrait les faire cesser; dans ce cas, l'énergie qu'ils apportent à réclamer doit mesurer l'empressement qu'il faut mettre à les combattre. Enfin, il ne faut pas voir dans tout intermédiaire un parasite, pour employer une expression courante; il y en aura toujours qui seront indispensables, et les services qu'ils rendent, doivent leur valoir l'estime et la liberté. Il ne faut surtout pas, dans l'ardeur de la lutte, en arriver à confondre un échelon social avec un intermédiaire. Les sociétés ouvrières de production sont souvent victimes de cette confusion. Les ouvriers qui les composent s'associent, afin de garder les bénéfices du patron, en se substituant à lui; ils traitent les patrons comme des intermédiaires qui s'enrichissent à leur détriment, alors qu'ils sont des rouages indispensables à la profession, dès qu'elle est importante. Ces tentatives ont bien des chances d'échouer, car, ainsi que le dit M. Urbain Guérin, ces sociétés se sont toujours heurtées à deux difficultés : d'abord, si elles veulent entreprendre une industrie qui exige de grands capitaux, elles sont obligées d'avoir recours à un commanditaire, et elles sont bien près de ressembler à des sociétés anonymes versant un intérêt à des actionnaires ; en second lieu surgit le grand écueil des démocraties : la constitution du pouvoir dirigeant. Ou bien ce pouvoir est assez faiblement établi pour qu'il change de main, suivant les fantaisies jalouses de ceux auxquels il s'adresse, et l'anarchie s'en suit bientôt avec toutes ses conséquences désastreuses; ou bien la direction est aussi fortement constituée que dans les usines exclusivement patronales, ainsi qu'on le voit dans celles de Guise et d'Angoulême, qui sont représentées comme des sociétés coopératives de production, et cela entraîne des dépenses spéciales qui représentent une partie du gain légitime du patron. Cette forme de l'Association ouvrière ne peut en réalité aborder avec quelque chance de succès que de petites affaires.

Toutes ces sociétés sont basées, nous l'avons dit, sur la mutualité et sur la solidarité ; elles supposent aussi la prévoyance ; or, c'est là une vertu qui fait souvent défaut à nos ouvriers. Ils subissent l'esprit du temps, ils veulent jouir de suite, et ils préfèrent dépenser immédiatement le peu d'argent qu'ils ont, plutôt que de le mettre en réserve pour parer à des éventualités qui ne se présenteront peut-être pas, ou dont la menace est encore éloignée. C'est une puissante cause d'insuccès pour les sociétés économiques ; dans l'industrie, les patrons sont à même d'y remédier, et c'est le véritable terrain du patronage.

Il nous faut dire encore un mot des caisses rurales ou banques Louis Durand. Elles rendent des services immenses , et Léon XIII a écrit que cette œuvre est merveilleusement appropriée aux besoins de notre époque. Elles ont pour but de procurer aux petits cultivateurs des fonds de roulement pour améliorer leur culture. La plupart du temps , ces malheureux ne le peuvent pas , parce qu'ils n'ont pas de crédit ; et s'ils trouvent un prêteur , c'est toujours à un taux très élevé, sous prétexte que les risques sont grands. Au moyen des banques Louis Durand, les petits cultivateurs cautionnent leurs associés ; chacun trouve ainsi le crédit qui lui manque individuellement, et il peut emprunter à un taux raisonnable, et dans des conditions minutieusement arrêtées par les statuts. Dans les pays pauvres et où la culture demande un petit capital pour être rémunératrice, ces banques ont un plein succès qui vient de leur utilité ; elles sont une arme contre l'usure dans les campagnes, et elles les préservent en partie contre cette plaie sociale.

L'association professionnelle, avons-nous dit, vise la prospérité de la profession ; elle peut donc comprendre tous ceux qui bénéficient directement de cette prospérité. « Tous les hommes qui vivent dans la même condition sociale, tous les patrons d'une même industrie par exemple, ou tous les ouvriers d'un même métier, ont, en fait, des intérêts identiques ; et tous ceux qui exercent la même profession, fût-ce dans des conditions sociales diverses, comme les patrons et les ouvriers d'une même industrie, ont des intérêts connexes. (1) » L'association unira soit un des éléments de la profession, elle groupera alors des intérêts identiques, et constituera un syndicat simple ; soit tous ceux qui occupent des situations diverses dans la même profession, elle coordonnera dans ce cas des intérêts connexes, et prendra la forme d'un syndicat mixte.

(1) Chanoine DEHON, *Manuel social chrétien.*

Elle « doit être l'instrument des réformes sociales légitimement réclamées par les travailleurs. C'est par elle que les ouvriers pourront bénéficier du libre jeu des lois économiques, qui, pour être loyal, suppose entre l'employeur et l'employé, un contrat débattu dans des conditions d'égalité au moins relatives (1). » Elle étend son action là où le législateur est impuissant, là où l'État ne peut intervenir sans de graves inconvénients, partout où une réglementation générale est inapplicable, comme dans la question des heures de travail, ou dans celle du salaire mininum, par exemple. Elle est le moyen pacifique par excellence pour résoudre les conflits qui peuvent résulter des prétentions exagérées de l'un des éléments de la profession, mais qui, le plus souvent, viennent de malentendus semés et entretenus avec intention. Elle est éminemment favorable au rapprochement des classes, puisqu'elle peut les réunir sans les confondre pour chercher avec un égal souci la satisfaction de leurs besoins spéciaux, et pour assurer la sauvegarde de leurs droits réciproques, et c'est à ce rapprochement qu'elle doit tendre avant tout.

Qu'elle prenne suivant les milieux, suivant son but spécial, suivant les circonstances quelles qu'elles soient, la forme la mieux appropriée à obtenir le résultat cherché, tout cela est conforme au bon sens, et promet le succès ; mais, on ne saurait trop insister sur ce point, que jamais elle ne risque d'amener, ni d'envenimer la haine et la méfiance des classes. Voilà le point capital, voilà la pierre de touche qui signalera les bons groupements et les mauvais, ceux qui sont opportuns et ceux qui sont imprudents.

Mais si l'association peut être l'instrument qui servira

____

(1) M. LECOUR GRANDMAISON.

à obtenir de si heureux résultats, elle peut aussi donner à des abus regrettables l'occasion de se manifester; une bonne loi sur la matière, en règlementant l'usage de ce droit, permettra d'éviter ces inconvénients. Sa nécessité s'impose, et des projets en ont été déposés à la Chambre; malheureusement ils sont inspirés par les passions du parti qui est au pouvoir, et ils promettent plus d'intolérance, plus de tyrannie que de liberté. Cette œuvre est pourtant indispensable, ainsi que l'a fort bien dit M. Lecour Grandmaison: « Mais il importe surtout de bien le pro-
« clamer, tout n'est pas fait quand le législateur a assuré
« le libre fonctionnement des associations dues à l'initia-
« tive individuelle; elles peuvent faire beaucoup de bien,
« mais elles ne peuvent suppléer à l'organisation légale,
« qui fait défaut à notre démocratie. L'exemple de l'An-
« gleterre est absolument probant. Les associations libres
« ont une tendance à se montrer exclusives, elles arrivent
« nécessairement à écarter les faibles, c'est-à-dire ceux
« qui auraient le plus besoin de l'association.

« Elles donnent satisfaction à certains intérêts, mais
« elles n'assurent pas la satisfaction de tous les intérêts,
« et elles risquent de devenir oppressives vis-à-vis des
« non syndiqués.

« Elles peuvent, en certains cas, dégénérer en coteries
« et porter atteinte à la liberté individuelle, et dans d'au-
« tres cas, par des fédérations injustifiées, elles peuvent
« devenir un danger pour le pouvoir politique. »

Après avoir ainsi prouvé la nécessité de la règlementation, l'éminent sénateur catholique indique quel est le complément qui s'impose à l'Association libre : « L'Asso-
« ciation libre doit être complétée et contrebalancée par
« une organisation légale de la profession qui assure la
« représentation de tous les intérêts légitimes.

« Il faut donc distinguer le Régime corporatif de l'As-
« sociation. Il y a là deux ordres d'idées bien distinctes.

« Le Régime corporatif, c'est la constitution et la re-
« connaissance par la loi de groupements professionnels
« organisés légalement, et auxquels l'Etat délègue cer-
« taines attributions et certains droits qui sont comme un
« démembrement de sa puissance.

« Dans l'organisation corporative, une classe de cito-
« yens unis par l'exercice d'une même profession se voit
« dotée d'une représentation officielle et devient un des
« corps d'Etat.

« Ces citoyens se trouvent par là même astreints à de
« nouveaux devoirs qui n'attentent pas à leur liberté in-
« dividuelle, mais qui sont la contrepartie des droits nou-
« veaux et de la force nouvelle qui résultent de leur
« groupement, »

On voit l'enchaînement des idées que nous exposons :
les citoyens usent du droit d'association qui leur vient
de la nature, que l'Etat respecte, mais qu'il règlemente
pour éviter les abus effectifs ou possibles ; ils poursuivent ainsi tout ce qui peut assurer la prospérité de la
profession et l'harmonie entre les différents échelons de
ses membres. La profession constitue alors un corps, un
tout organisé et coordonné, éminemment capable de traiter tout ce qui l'intéresse, et en mesure de recevoir avec
fruit, pour la prospérité générale du pays, certaines attributions, certains droits que l'Etat leur délègue et qui
sont comme un démembrement de sa puissance. Cette
organisation professionnelle permettrait d'en arriver à la
Représentation professionnelle dont nous allons parler ;
cette représentation est le couronnement rationnel du
régime corporatif, et beaucoup de bons esprits la considèrent comme la base du système qui répond le mieux

aux exigences de notre civilisation, et qui doit abréger l'agonie misérable du parlementarisme justement discrédité.

Remarquons que si l'entreprise de la constitution du régime corporatif effraie au premier abord parce qu'elle semble trop considérable, il y a là plus d'apparence que de réalité. En effet dans notre pays même il existe déjà un commencement d'organisation de ce genre. Les Chambres de Commerce, les Chambres des notaires, l'Ordre des Avocats, les Conseils de prud'hommes, d'autres encore, en fournissent la preuve, et l'on a maintes fois discuté ces exemples pour arriver à en démontrer la valeur ; il suffirait de perfectionner et d'étendre ces institutions.

Dans le monde agricole où les passions sont moins violentes, où l'influence des gens qui raisonnent, et qui veulent le bien véritable, se trouve être plus grande, le mouvement dans le sens que nous indiquons, est plus spontané. Les Syndicats agissent sur une étendue restreinte du territoire, leurs Unions s'adressent chacune à toute une région, enfin la réunion des délégués des Syndicats ou des Unions permet de coordonner tous ces efforts et de les faire concourir au bien général de l'agriculture française. Cette réunion a eu lieu en même temps et au même lieu que l'Assemblée générale des Agriculteurs de France ; elle y joue un rôle important et ses travaux y ont une influence croissante. Cette année même, malgré des préventions antérieures, la Société des Agriculteurs a signalé les Unions Syndicales comme les centres les plus propres à fournir les éléments de la Représentation professionnelle, dont la nécessité s'impose, mais que le gouvernement veut composer de telle sorte que son action y soit omnipotente.

Le cadre du régime corporatif se dresse de lui-même,

malgré les entraves que la loi apporte avec intention à l'entreprise ; est-il chimérique de penser que le succès serait plus complet si les législateurs plus perspicaces lui accordaient la faveur qu'elle mérite ?

REPRÉSENTATION DES INTÉRÊTS

De même que les maux dont souffre notre société , les inconvénients du régime représentatif que nous subissons ont été maintes fois énumérés. Ils découlent, eux aussi, de la mise en pratique de ces fausses maximes que nous avons déjà signalées, et qui ont établi l'Individualisme dans la société.

Chaque citoyen a en lui la source de l'autorité ; il délègue un des siens pour exercer cette autorité, et il lui confère la souveraineté dont il est lui-même détenteur. Chaque député est ainsi une partie de la volonté nationale. C'est, comme le remarque M. Delalande, l'incarnation de l'absolutisme, de l'irresponsabilité et de l'incompétence. Les députés ont tous les pouvoirs, ils font la loi qui courbe des millions d'hommes sous sa tyrannie, et contre laquelle il n'y a ni résistance, ni recours possibles. Ils nomment, par l'entremise des ministres , à tous les emplois civils et militaires ; ils décident de la paix et de la guerre. De responsabilité, ils n'en ont point; une fois la législature finie, ils n'ont à subir ni griefs, ni contrôles, ni remontrances; la seule punition qu'ils redoutent, la seule peine qu'ils encourent, c'est que leurs électeurs ne leur accordent plus leurs suffrages. Ils représentent les intérêts de tout le peuple, ils devront donc juger et légiférer sur tout : agriculture, commerce, industrie, guerre, marine, justice, relations extérieures, etc. Il suffit de le constater pour reconnaître qu'il ne peut y avoir de compétence en mesure de remplir une pareille mission.

Et qu'est-ce qui vaudra à un homme de posséder un tel pouvoir? Le nombre peut seul le lui conférer. Tous les citoyens sont égaux, ils ont donc un droit égal à nommer leur mandataire, et ce mandataire sera logiquement celui en faveur duquel sera émis le plus grand nombre de ces suffrages égaux. « Alors, ainsi que le montre « M. Leroy-Beaulieu, l'Etat moderne exprime pour qua- « tre ou cinq ans la volonté, non pas de l'universalité de « la nation, mais de la simple majorité, souvent d'une « majorité purement apparente. Bien plus, il exprime « cette volonté telle qu'elle est exprimée dans une période « d'excitation et de fièvre. » En effet, « les élections se « font sur l'une ou l'autre question très générale, con- « cernant plus ou moins la masse électorale, sur une « *plate-forme*, pouvant exciter les passions, et mettre en « fermentation la pâte électorale, cléricalisme, ou anticlé- « ricalisme, guerre ou paix, etc... »

En définitive, les députés représentent uniquement la sympathie que les électeurs portent à leur personne ou à leur parti; quant aux intérêts, aux droits, il n'en est pas question. Les députés n'ont aucun mandat, il n'y a entre eux et leurs électeurs aucun contrat. Il est vrai que beaucoup de promesses sont faites au moment des élections, mais chacun sait ce qu'elles valent. Quant à la minorité, quelle que soit son importance, elle devra se résigner aux conséquences de sa défaite.

Nous l'avons déjà dit, c'est le fruit naturel de l'Individualisme.

La société est composée d'individus que l'on a systématiquement affranchis de tous liens, de toutes obligations réciproques, pour pouvoir les juxtaposer sur le même plan ; il leur faut des mandataires pour faire leurs affaires, ils les nomment, mais, en même temps , ils leur donnent plein pouvoir ; ils se donnent ainsi de véritables tyrans qui sont seuls à administrer la société. Il y a décentralisation politique, puisque chaque individu a sa part dans la composition de l'assemblée qui constitue le gouvernement ; il y a centralisation administrative , puisque ce gouvernement tient seul tous les fils de l'administration du pays et qu'il a le pouvoir de les mouvoir à sa guise. Eh bien ! nous ne craignons pas de le dire, c'est le contre-pied de ce qui est conforme au bon sens ; la démonstration en est facile.

En effet, les citoyens sont un élément essentiel de la société civile, c'est évident ; sans eux, la société n'existerait pas. Le gouvernement en est un élément nécessaire, parce qu'il est le détenteur de l'autorité, et qu'elle même, étant le principe directeur de l'action collective des citoyens vers la fin de la Société, est indispensable à cette Société pour arriver à son but. La constitution propre à chaque nation règle les rapports de ces deux éléments de la société : le pouvoir et les citoyens ; mais il est des conditions qu'elle doit leur garantir, sous peine de les empêcher de remplir leur mission.

Le gouvernement doit être stable. Changer à chaque instant, au gré des caprices du moment, ceux qui exercent le pouvoir, c'est introduire le manque de suite dans cette direction vers la fin de la Société. Nous en avons la preuve évidente chez nous ; notre Parlement est dans l'incapacité d'entreprendre et de mener à bien toute réforme, toute modification qui nécessitent un plan froidement arrêté et suivi d'une façon constante et tenace. Les législatures se suivent, tout leur travail se résume en des discussions stériles, en des disputes mesquines entre les différents partis ; rarement une proposition importante aboutit ; il n'y a d'exception que pour ces questions qui mettent en jeu les passions ; elles bénéficient, celles-là, de la constance des passions humaines, et fournissent une nouvelle preuve de la nécessité de la suite dans la direction.

Les citoyens doivent former un ensemble organisé ; ils ne sont pas seulement des unités, des molécules d'un tout qui est la nation ; ce sont des êtres qui ont une nature soumise à des obligations, à des lois, à des tendances, et qui ont par suite des droits, des besoins, des intérêts. L'identité de cette nature entraîne l'égalité naturelle des hommes et l'identité des droits, des besoins, des intérêts qui découlent de cette nature ; mais il y a en plus, entre ces mêmes hommes, des différences qui viennent de la diversité des aptitudes et des occupations, de la division du travail, de l'inégalité des fortunes, de la force physique, de l'intelligence, de l'influence du droit d'héritage et de beaucoup d'autres causes. A ces différences correspondent des droits, des besoins, des intérêts divers et, ce qui en est la conséquence, des catégories de citoyens, Ceux-ci, à cause des liens qui les rapprochent, ont une certaine conformité d'idées, de culture, de manières, d'où naît un type commun. « Voilà comment se forment les différentes « classes qui constituent les fondements et la structure « de la société politique. C'est dans les occupations pro- « pres à chaque classe que l'individu développe son acti- « vité, et c'est dans cette activité collective que consiste « la vie du peuple. Ce que l'individu fait pour la vie so- « ciale, ce qu'il donne à l'État, il le fait et le donne, en « règle ordinaire, par la classe à laquelle il appartient. « Elle est en réalité l'atmosphère dans laquelle chacun « vit et se meut immédiatement, où il trouve son déve-

« loppement et son perfectionnement intellectuel et mo-
« ral. La nation en soi n'est qu'une abstraction, la réalité
« se trouve dans les classes sociales, puisque c'est par sa
« classe que l'individu fait partie de la nation. Aussi toute
« organisation d'un État, pour être solide, durable, fon-
« dée sur la nature, doit-elle être basée sur la distinction
« des classes. (1). »

L'erreur de la conception individualiste est démontrée
par l'inévitable existence des classes, et ces classes, qui
se formeront toujours et quand même, doivent être organisées pour que la Société le soit elle-même. Voilà la vérité. Une fois ces classes organisées, ce sont en réalité
leurs rapports avec le pouvoir que règle la Constitution.

Si le gouvernement use sans contrôle de l'autorité dont
il est le détenteur, il est absolu, et les classes s'en remet-
tent à lui pour procurer à la Société le bien temporel public. Si certaines classes seulement ont une part au gouvernement, la constitution est aristocratique, et l'organisation de la Société est basée sur la hiérarchie. Enfin, la
Société peut être démocratique ; alors « tous ses membres,
« sans distinction, avec la seule réserve des incapacités
« que le bon sens et la morale indiquent, et que la loi a
« mission de définir, peuvent prétendre également à faire
« représenter tous les droits, tous les intérêts de leurs
« fonctions sociales et à participer ainsi au gouvernement
« général (2) ». Et il est incontestable « 1º que les éléments
« constitutifs d'une telle société doivent être nécessaire-
« ment formés par des collectivités embrassant la tota-
« lité des citoyens ; 2º que ces collectivités ne peuvent
« plus être régies par une loi de hiérarchie, que leur loi
« de coordination est, non plus la subordination, mais la

(1) R. P. ANTOINE.
(2) Le Comte de MAYOL DE LUPÉ.

« réciprocité des services ; que le nombre est appelé à
« jouer un rôle ; 3°· que la participation au gouvernement
« général doit s'exercer dans la plus large mesure, c'est-
« à-dire par une représentation sincère et complète dans
« l'ordre administratif et dans l'ordre politique, ce qui
« correspond à la plus grande extension des libertés pu-
« bliques, de telle sorte que le pays s'administre libre-
« ment, sous le contrôle de la puissance publique, et que
« cette puissance gouverne effectivement sous le contrôle
« du pays (1). »

Il faut le remarquer de suite, cette participation au
gouvernement consiste dans une part à l'administration
et dans le contrôle du pouvoir ; et ce contrôle ne peut
comprendre que le droit de remontrances pour signaler
au pouvoir ses écarts et ses erreurs, et le droit de formuler des vœux pour exciter son initiative ou solliciter son
autorisation. Une participation directe, effective, au gouvernement lui-même ne peut exister sans introduire l'ins-
tabilité dans l'exercice du pouvoir et le manque de suite
dans la direction.

En un mot, les citoyens, avec une organisation basée
sur la distinction des classes, peuvent s'administrer, mais
non pas se gouverner ; dans notre Société, le peuple inor-
ganisé gouverne et n'administre pas. Nous le répétons
encore c'est marqué au coin de l'absurde.

En revendiquant le libre exercice du droit d'association, en s'efforçant de faire établir le régime corporatif,
les Sociologues chrétiens travaillent en réalité à la réor-
ganisation des classes, et par suite à celle de la société
puisque la raison d'être de ces groupements se trouve
dans l'identité ou la connexité des droits, des besoins, des
intérêts de ceux qui les composent, et que ces groupe·

____

(1) Le Comte de Mayol de Lupé.

ments seront par nature particulièrement aptes à se faire représenter auprès du pouvoir pour s'assurer le respect de ce qui leur est dû et l'obtention de ce qui leur est favorable.

Mais cette Représentation quelle sera-t-elle ? Comment se formera-t-elle ? Ces questions, avec d'autres encore, formulent une série de problèmes dont la solution est forcément liée aux circonstances qui en accompagneront immédiatement l'application ; il serait téméraire de prétendre définir ces solutions dès maintenant ; on peut seulement prouver qu'elles ne sont nullement introuvables, et indiquer les conditions générales de leur valeur.

Ainsi le commerce et l'industrie ont des chambres consultatives dont le Gouvernement veut bien quelquefois prendre l'avis ; pourquoi l'agriculture, les professions libérales, etc... n'auraient-elle pas, elles aussi, des chambres qui leur seraient propres, et qui devraient être consultées pour les lois, les concernant ? Le pays n'a pas à regretter que les conseils généraux aient été appelés à émettre leur opinion dans la question de l'impôt sur le revenu ; l'agriculture ne pourrait que gagner à ce que les projets de lois agricoles soient soumis à des chambres de la profession ; de même pour les différentes industries, les différents métiers, etc.

Les circonscriptions administratives ont bien leur conseil, conseil général, conseil d'arrondissement ; pourquoi ces mêmes circonscriptions ou d'autres mieux appropriées n'auraient-elles pas une assemblée qui comprendrait autant de sections qu'il existerait de professions dans la circonscription, et qui, par suite, représenterait réellement la vie sociale de cette partie de la nation, parce qu'elle serait compétente à traiter tout ce qui concerne les citoyens habitant la région ?

Toutefois c'est à certaines conditions que ces assemblées

pourraient répondre à ce qu'on attend d'elles. Il faudrait d'abord qu'elles réunissent non seulement les professionnels, mais des membres de tous les éléments de la profession : patrons et ouvriers pour l'industrie, grands et petits propriétaires, fermiers, métayers, ouvriers pour l'agriculture, etc.. .. Cela est indispensable pour constituer une représentation intégrale, seule capable d'arriver à la coordination complète des intérêts. Il faudrait de plus que tous ceux qui exercent la profession participent à la composition de l'assemblée, et cela en votant pour un délégué de l'échelon professionnel auquel ils appartiennent, les fermiers pour un des leurs, les ouvriers de même et ainsi de suite. Sans quoi, si tous les membres d'une même profession, sans distinction de classe, nomment ceux qui sont appelés à les représenter tous, on remplace l'individualisme national par l'individualisme professionnel dont les inconvénients sont analogues. Enfin, grâce au droit d'association dont l'usage serait restitué, des syndicats soit simples, soit mixtes, seraient constitués, et, en règlementant le mode de formation des assemblées dont nous parlons, il faudrait à la fois tenir compte de ces groupes existants parce qu'ils seront des foyers de compétence et d'activité particulièrement en mesure de signaler la solution de toutes les questions, et des individus qui sont étrangers à ces groupes, parce que l'usage du droit d'association ne pouvant être obligatoire, ceux qui ne veulent pas en profiter, doivent conserver la faculté d'agir individuellement.

Ces projets ne sont pas chimériques, ces problèmes ne sont pas insolubles, si l'association professionnelle existe ; or, il faut le reconnaître, depuis la loi de 1884, ces groupements se multiplient sous toutes les formes : syndicats, sociétés, comptoirs, parce qu'ils répondent à des besoins positifs du moment. La base du système est en voie de formation rapide et spontanée ; pourquoi ne pourrait-elle pas servir à constituer une représentation des intérêts qui sera toujours supérieure à la représentation si incomplète et si défectueuse que nous avons ?

DÉCENTRALISATION ADMINISTRATIVE

Les affaires professionnelles ne sont pas les seules que les citoyens pourraient et devraient traiter ; les intérêts locaux devraient encore leur être confiés. C'est la question de la Décentralisation administrative. Disons d'abord, avec le Comte de Mayol de Lupé, que « décentraliser, ce « n'est point détruire, ni même amoindrir le foyer cen- « tral du pouvoir, c'est lui apporter le concours et l'appui « d'autres foyers de la vie publique. » Remarquons en-suite que cette question est à l'étude dans tous les partis, d'où il faut conclure à son importance, et à l'opportunité de la solution du problème. Mais la valeur de cette solu-tion sera différente suivant qu'elle se conformera à tel ou tel principe de gouvernement.

Or, on peut rapporter toutes les constitutions moder-nes à deux types. Dans le premier on part de ce principe que les citoyens sont incapables de s'administrer eux-mêmes, que l'Etat doit agir pour eux et les mettre en tu-telle ; en conséquence une vaste bureaucratie savamment organisée, administre tous les services publics, et un pouvoir central puissant fait marcher tous les rouages de cette bureaucratie. L'Etat absorbe l'individu, et lui enlève toute force, toute initiative. C'est la conception du César-isme romain. Elle a été adoptée par presque toutes les nations continentales de l'Europe ; nulle part elle ne l'a été plus complètement qu'en France depuis le XVIIe et le XVIIIe siècle ; abandonnée pendant un temps au moment de la Révolution, elle a été reprise en l'An VIII et depuis elle domine toutes nos constitutions.

Pour tous ceux qui ne veulent pas rompre avec ces maximes, la décentralisation ne peut consister qu'à déplacer de Paris certains services pour les transporter en province ; tout se borne à changer la résidence de certains fonctionnaires en les faisant suivre des archives et des dossiers innombrables qui leur sont nécessaires. Cette décentralisation est illusoire. En quoi la liberté, l'initiative des citoyens sont-elles augmentées, si les rouages de la bureaucratie qui les opprime, se trouvent dans le chef-lieu du département au lieu d'être dans la capitale ?

Une véritable décentralisation doit décharger le gouvernement de toute l'administration que les citoyens peuvent prendre avec compétence, et la leur confier ; évidemment ce sera celle des intérêts locaux. Dans ce cas la bureaucratie, réduite au strict nécessaire, contrôle uniquement les individus, organisés qui, suivant les régions qu'ils habitent, gèrent les affaires publiques qui les concernent immédiatement. C'est la conception du deuxième type de gouvernement, de celui que les Anglais appellent le *Self-Gouvernement*.

Le Comte de Chambord avait bien saisi la supériorité de ce système et l'importance de la décentralisation pour en inaugurer et en établir l'application, lorsqu'il écrivait : « La décentralisation est seule capable de lui (à la « France) donner avec la conscience réfléchie des besoins, « une vie pleine, active, régulière et de permettre que le « gouvernement représentatif devienne une vérité. Elle « aussi peut créer les mœurs politiques sans lesquelles « les meilleures institutions se dégradent et tombent en « ruines. En appelant tous les Français à s'occuper plus

« ou moins directement de leurs intérêts dans leurs com-
« munes, leurs cantons et leurs départements, on verra
« bientôt se former un personnel nombreux, qui, à l'in-
« dépendance et à l'intégrité, joindra l'expérience prati-
« que des affaires. »

Une telle œuvre doit être entreprise avec prudence et
méthode ; la réforme devant s'étendre à tous les centres
de la vie sociale, il faut commencer par les moins importantes pour remonter ensuite aux autres, en définissant
la part qui doit revenir à chacun, en même temps que les
liens qui ne doivent pas cesser de les relier entre eux
pour les rattacher enfin au centre. La commune est le
dernier échelon administratif, elle est composée de familles vivant sur une étendue restreinte du territoire : elle
naît de l'union de ces familles et elle a pour but la protection de leurs intérêts. Les chefs de famille et, par là il
faut entendre tous ceux qui ont un foyer indépendant,
sont donc naturellement désignés pour formuler ces intérêts locaux, et appelés à en assurer la défense. A eux
donc de constituer l'autorité dans la commune, et non
pas, ainsi qu'il en est maintenant, à tous ceux qui ont une
résidence momentanée et souvent passagère par état,
comme les domestiques, par exemple. Cette participation
doit s'étendre à la constitution de tout ce qui est nécessaire et permanent dans la commune, et qui relève de
l'autorité civile. L'école est du nombre ; il est contraire à
la nature d'enlever le soin de former le caractère et l'intelligence des enfants aux parents qui ne sont pas indi-
gnes ; il est dès lors absurde de soustraire systématiquement à leur influence l'esprit de l'enseignement. Il faut
surtout, pour établir une telle organisation, faire entre
les communes rurales et les communes urbaines une distinction que motive assez la différence dans les conditions

de l'existence de leurs habitants, dans leurs intérêts et dans la possibilité qu'ils ont de les bien connaître.

Au-dessus de la commune se trouve le canton, puis l'arrondissement, le département. Ils répondent à des usages, à des besoins de la vie de ces circonscriptions. Ce sont, pour ainsi dire, des syndicats de communes, et des unions de Syndicats qui devraient, d'après les mêmes principes, avoir les services nécessaires à ces groupements. On arrive ainsi à un centre régional qui sera relié directement au pouvoir, et qui semble devoir être la Province, puisque cette circonscription première existe déjà pour le clergé, pour la justice, pour l'armée. Là devrait se trouver un Gouverneur représentant le gouvernement et chargé de contrôler les préfets départementaux. Là serait le siège le plus convenable de cette assemblée dont nous avons déjà parlé, de ces Etats qui comprendraient une Chambre pour chaque profession exercée dans la province.

Ces brèves indications peuvent jalonner la voie dans laquelle il faut entrer, dès que les circonstances le permettront, pour obtenir une décentralisation administrative effective, sans courir le risque de porter atteinte à l'unité politique, œuvre séculaire de la monarchie traditionnelle, et qui fait la force de la France (1).

Ces idées sont celles d'hommes généreux et laborieux, qui les ont déjà exposées maintes fois ; on leur objecte qu'elles esquissent surtout des projets, et qu'elles touchent à tous les éléments de notre société. A cela, nous répondrons que la philosophie et la doctrine catholique fournissent les preuves de la fausseté des principes fondamentaux, dont la mise en pratique a eu pour consé-

(1) R. P. DE PASCAL.

quences les maux dont nous souffrons, et qu'il s'en suit que tout est à rectifier de proche en proche. Comment s'étonner dès lors que la réforme doive s'étendre à tout ce qui constitue la société ? Comment oser prétendre aussi que le plan d'une telle œuvre puisse être prévu et arrêté jusque dans ses détails dès l'origine, alors que son application ne doit se faire que progressivement à la faveur des circonstances ?

Une autre objection est encore faite : comment, malgré la promesse de tant de bienfaits, l'idée de l'association est-elle encore accueillie par beaucoup avec cette méfiance, qui arrête la bonne volonté des uns, qui paralyse les efforts des autres, et qu'on a réussi à faire naître dès la fondation des premières associations ? Les raisons de cette méfiance très réelle sont de plusieurs sortes, et, pour les trouver, il faut remonter jusqu'au moment où la loi qui régit la matière a été préparée et discutée.

Alors, nos adversaires ont redouté l'action de ces sociétés qui allaient être licites, en raison de l'accord qu'elles pouvaient faire renaître entre les diverses classes de citoyens, en raison surtout de l'influence que la religion menaçait de reprendre à la faveur de cette concorde, que l'Eglise ne cesse de prêcher, et qu'elle s'efforcerait de rendre durable par des institutions pénétrées de son esprit. Cette crainte explique les conditions restrictives qui sont mises à l'exercice du droit de s'associer, et qui se trouvent dans la loi du 21 Mars 1884 ; ces restrictions prouvent que l'usage de ce droit est plutôt toléré que reconnu. Les Unions de Syndicats n'ont que très incomplètement la personnalité civile, la capacité de posséder leur est refusée, elle est limitée pour les syndicats eux-mêmes. Et cependant, en même temps que le droit d'exister, il est indispensable d'en donner la possibilité ; de plus, la gestion des biens communs est éminemment propre à développer chez les co-propriétaires l'esprit de responsabilité qui fait tant défaut en France, et « l'expérience faite depuis près d'un siècle par l'Angleterre démontre que c'est la question financière qui opère la séparation de l'ivraie et du bon grain, et qui assure à la longue le triomphe des honnêtes gens (1). »

Les fauteurs de désordre ont vite compris par la suite le profit qu'ils pouvaient tirer de la faculté de s'unir sous le couvert de l'intérêt professionnel, et ils ont usé de ce nouveau moyen avec l'énergie qui les caractérise, et qui devrait servir d'exemple aux bons; ils ont devancé les honnêtes gens dans cette voie; des syndicats turbulents se sont constitués qui ont battu en brèche l'autorité des patrons, qui ont eu la prétention de mener tous les ouvriers, et qui ont tyrannisé ceux qui étaient tranquilles pour les entraîner à leur suite.

Les socialistes surtout, dont le parti est discipliné, ont saisi avec empressement l'occasion d'exciter la haine des citoyens entre eux, qu'ils considèrent comme inévitable, car ils affirment ne voir dans l'histoire que l'expression de la guerre des classes, et ils prétendent qu'il est dans la marche normale de la civilisation que ces classes dominent successivement la Société et que « cette prédominance successive de chaque classe a rendu un service à l'humanité: le sacerdoce lui a apporté le sentiment du devoir, l'aristocratie celui de l'honneur, la bourgeoisie celui de l'intérêt, la démocratie lui apportera celui de la solidarité. » Ils flattent ainsi le peuple parce qu'ils attendent tout de sa révolte; ils outragent cette vérité que tous les hommes ayant la même origine, mais aussi la même fin, se doivent un mutuel secours durant leur passage en

(1) M. Lecour-Grandmaison.

ce monde, et que s'il appartient à certaines classes de répandre quelques bienfaits spéciaux qui sont la caractéristique de leur mission dans la Société, ce n'est pas pour y puiser un moyen de domination passagère, mais pour contribuer de la façon qui leur est propre, et qui devrait être constante, au bonheur et à l'amélioration de tous.

Il faut le reconnaître aussi, certains catholiques qui ont plus de cœur que de tête, plus de générosité que dè jugement, sont entrés dans la voie tracée avec imprudence et inopportunité. Touchés de la misère des travailvailleurs, désireux de la soulager, ils sont outrés de l'apathie des riches qui ne secondent pas leurs efforts autant qu'ils l'espéraient; ils décident alors d'agir sans ces derniers, et ils en arrivent vite à agir contre eux. Ils traitent les questions les plus graves qu'ils croient connaître, parce qu'ils en ont envisagé un côté; ils parlent surtout devant les travailleurs, à la fois des maux des prolétaires, des devoirs des capitalistes et de leur négligence à les remplir; ils acquièrent ainsi une certaine popularité parmi les ouvriers, et ils en profitent pour fonder une œuvre dont ils se sont épris parce qu'elle a réussi ailleurs. En définitive, ils se sont aliénés les riches, au lieu de les gagner, alors qu'ils devraient les tenir pour leurs appuis naturels et les amener à être leurs auxiliaires dans cette généreuse entreprise; ils ont précisé dans l'esprit des travailleurs les maux dont souffrent ces malheureux, et ils en ont ainsi augmenté l'acuité; souvent le remède qu'ils ont prôné répond très imparfaitement aux besoins particuliers des gens auxquels ils le destinent, et, appliqué dans des conditions défectueuses, son action trompe les espérances de tout le monde.

Les inconvénients de l'association ont ainsi apparu avant ses avantages, ils les ont masqués pour ainsi dire.

Si l'on ajoute à cela que l'expérience manque pour faire du droit d'association l'application qui convienne le mieux aux besoins contemporains, l'exercice de ce droit étant licite depuis peu en France, que l'esprit d'initiative et de solidarité fait presque complètement défaut chez nous, et que l'égoïsme général y trouve son compte, on s'expliquera facilement que les bienfaits de l'association soient si lents à se produire, et que beaucoup de gens redoutent encore qu'ils soient chimériques.

Ces objections ne touchent pas au fond de la question, et souvent elles cachent mal sous des prétextes le désir de rester dans l'inaction.

Mais il importe de remarquer et de retenir les considérations suivantes qui résument ce que nous venons de dire :

Le Droit nouveau, basé sur la liberté illimitée et sur la destruction des liens qui relient les hommes les uns aux autres, est en contradiction avec les préceptes de la saine philosophie, et avec l'enseignement de l'Eglise. Tout ce qui s'inspire de cette doctrine est entaché d'erreur. Le Libéralisme, quelque mitigé qu'il soit, est ainsi frappé dans son principe.

Le Droit d'association, qui suppose et développe l'idée de solidarité des citoyens entre eux, est conforme à la loi naturelle, et tout ce qui découle logiquement de l'usage de ce droit reste en conformité avec elle.

Les Socialistes partent du même principe de solidarité, mais ils l'interprètent mal. Cette fausse interprétation n'ôte rien à la valeur du principe en lui-même.

Aux Catholiques à ne pas le laisser accaparer et fausser par leurs adversaires, mais à en faire, sur l'invitation du Pape, la juste application, pour procurer à la société les bienfaits qu'il est capable de produire !

BAYEUX. — Typ. O. PAYAN, Rue Royale.

www.ingramcontent.com/pod-product-compliance
Lightning Source LLC
Chambersburg PA
CBHW061334050726
47595CB00005B/1921